Quint Buchholz · Michael Krüger

*Keiner weiß es besser
als der Mond*

Carl Hanser Verlag

ISBN 3-446-20029-0
Alle Rechte Vorbehalten
© Carl Hanser Verlag München Wien 2001
Umschlagentwurf: Peter-Andreas Hassiepen
unter Verwendung eines Bildes von Quint Buchholz
Satz: Satz für Satz. Barbara Reischmann, Leutkirch
Lithos: Karl Dörfel Reproduktionsges.m.b.H., München
Druck und Bindung: Frühmorgen & Holzmann, München
Printed in Germany

Manche Dichter sitzen am Schreibtisch
und suchen Reime für die Nacht,
finden sie einen, ist es vollbracht.
Wir fahren nachts im Boot über den See
und lassen den Himmel dichten.

Auch der Mond,
durch ein unzertrennliches Schicksal
an uns gekettet,
kann uns nicht helfen.
Er besitzt keinen biologischen Wert.
Von seinen Sternen umgeben,
ist er das Ideal der Unwandelbarkeit:
Ein kalter König in einem verkabelten Reich.
Kratergebirge, der Boden durchlöchert
wie ein Sieb.
Von seiner Höhe aus
wird das Leben etwas weniger wichtig,
sagen alle, die in seinem Licht
nach Hause kommen,
trockenen Fußes, weil er der Erde
das Wasser entzieht.

Immer wenn wir hinuntergehen
zum Wasser, versperrt uns der Mond den Weg.
Noch lärmen fiebrig die Grillen
und zerren die Erinnerungen aus dem Gebüsch,
unter dem still die Enten nisten.
An solchen Tagen hockt die Stille im See,
bereit, sich auf uns zu stürzen.

Am Abend nahm ich die Gans
mit an den See. Wir sahen noch die Vögel,
die leise überm anderen Ufer kreisten,
den Mond und das stille Wasser.
Was sollte ich denken vor diesem Bild?
Bald würde es dunkel sein,
und kein Stern würde leuchten, die Finsternis
meiner kleinen Mitternacht zu mildern.

Obwohl im Meer keine Fische mehr leben,
fährt der Fischer bei Vollmond hinaus.
Ich darf ihn manchmal begleiten.
Früher war er Kapitän bei der Marine,
»vier Sterne auf jeder Schulter,
wenn du weißt, was das heißt«.
Er kennt jede Welle zwischen Afrika
und hier, jede Schaumkrone, jeden Seestern.
Wir fahren an die Stelle, wo wir
am besten das Mondlicht fangen können
mit unserem Käscher. Einen Eimer voll,
das langt, gegen sieben sind wir dann
wieder zurück mit unserer Beute
und können erzählen.

Alles, was wir sehen,
bekommt einen Namen.
Auch die Sterne,
die unter Lichtschwäche leiden.
Sie halten sich streng
an die Bahn des Kometen,
den Pilgerpfad,
der vor einen schimmernden Haufen
endet: den Plejaden.
Nur hier,
in diesem Staat im Staate,
geht es namenlos zu.

Es ist alles eine Frage der Entfernung.
Massen, die uns eben noch an Kirchen
denken ließen, fallen zusammen zu Massen.
Ich bin nicht schwindelfrei, und schon
trübt der Abend die Augen. Unser Wollen
ist größer als unser Können, heißt es,
das wußte keiner besser als der Mond.

Auf Europas Straßen sterben
jedes Jahr dreihunderttausend Menschen,
wenn wir der Statistik glauben dürfen.
Beim Fahren mit dem Einrad
auf Telegraphendrähten dagegen
starb in den letzten Jahren nur einer,
mein Freund Mirko aus Zagreb.
Dennoch ist es nach wie vor verboten.
Also muß ich nachts üben, bei Vollmond,
wenn die Gespräche billiger sind.

Das Inventar des Himmels ist leer,
die Sterne alle kassiert.
Ich wollte dem Kind eine Sternschnuppe
zeigen, das schönste geräuschlose Spiel,
das ein müder Gott sich erfand.
Vielleicht brauchen wir nichts zu wünschen?
Vielleicht leben wir schon im Paradies?

Natürlich kann man sich
den Schöpfer des Universums
als einen Gaukler denken.
Alles verrücktes Spiel,
Ausdruck beginnender Müdigkeit.
Nur manchmal, wenn wir
am Abend, einer Gewohnheit folgend,
uns auf der Wiese versammeln,
um die Nacht still zu begrüßen
sind wir vor Staunen sprachlos:
Um uns zu foppen, zeigt er uns
Proben seines großen Talents.

Es war kein Verbot,
aber ich sollte nicht mit ihm spielen.
Er ist nicht ganz richtig im Kopf,
war die Meinung meiner Eltern.
Sein Vater war Erfinder,
der niemals etwas Rechtes erfand.
Keine Patente, kein Geld,
halt dich fern von solchen Leuten.
Ich war ganz anderer Ansicht.
Seine Methode jedenfalls,
auf einem einfachen Strich den Mond
zu erreichen – alle Achtung!

Moritz fand das Leben bei mir nicht lebenswert,
er wollte weg. Pauline war unsicher.
Ich selbst hielt mich raus, weil ich
Pauline liebte. Moritz sagte: Ihr könnt,
wenn ich nicht mehr da bin, ruhig
miteinander gehen. Pauline sagte:
Wieso? Mir brach es fast das Herz.
Nur der Mond hörte ungerührt zu.

Ich habe tagelang versucht,
sie telefonisch zu erreichen.
Ich verbrachte den Tag
neben dem Telefon,
bis mir die Finger schmerzten.
Erst hieß es, sie sei verreist,
dann, sie wolle meditieren,
schließlich war sie angeblich
von schwerer Krankheit befallen.
Als der Mond eine Sichel war,
nahm ich mir ein Herz
und suchte sie auf,
einen leeren Brief in der Hand.
Wenig später, als der Mond
wieder voll war, verließ sie
für immer die Stadt
und heiratete in New York
einen Zahnarzt von üblem Ruf.

Wir hatten uns verabredet,
nachts, zwischen den Dörfern,
unter dem abnehmenden Mond.
Sie wollte ihr Pferd mitnehmen,
ich schleppte den Koffer.
Ich hatte mir jedes Wort überlegt.
Sie sollten leicht sein, aber nicht vage,
bestimmt, aber nicht zu schwer.
Das Wort Liebe lernte ich auswendig,
um es nicht gebrauchen zu müssen.
Auf der Höhe der Zypressen,
die wie Dolche in der Erde steckten,
gingen wir grußlos aneinander vorbei.

Auf diesen Moment mußte ich
lange warten. Einmal regnete es,
ein andermal verschlief ich,
dann kamen die Sommerferien.
Aber am 5. Oktober war es
endlich so weit: Der Mond
stand direkt über dem First
unseres Hauses, ich brauchte
ihn nur mit den Zehenspitzen
anzutippen, schon rollte er
zu Dir.

Mein Großvater, christlich erzogen,
liebte die sanftmütigen Sterne.
Nur die Kometen, die Wunden rissen
in das feine Tuch des Himmels,
verabscheute er aus ganzem Herzen.
Unruhestifter, Chaoten, brummelte er,
verschanzt hinter seinem Fernglas.
Die Großmutter, die ihm beistand,
mußte bis zum Morgengrauen
horchen, ob Kometen durchs Weltall
sausten, bis sie die Sonne ins Bett
trieb.

Weil nichts mich festhielt,
keine Arbeit, kein Staat, keine Familie,
bin ich auf Wanderschaft gegangen.
Ich wusch mich im Bach, aß Beeren
und Pilze, und nachts hörte ich
dem Knistern der Insekten zu,
ihren scholastischen Subtilitäten.
In meinem Koffer verwahrte ich
meinen Roman »Das endlose Ende«.
Eines Abends lag ein Stern
direkt vor meinen Augen.
Der Himmel war dunkel verhangen,
so daß ich nicht sehen konnte,
ob er oben fehlte. Ich schloß
langsam die Augen, schlief ein.

Wenn der Schlaf sich ächzend
von Zimmer zu Zimmer schleppt,
flüstern die wachen Stunden
mit dem wildfremden Mond.
Jetzt müßte ein Boot ablegen
in dem mausgrauen Himmel,
weit weg von aller Menschenwärme.

Ich bin der Betrübte.
Alle Versuche, mich aufzuheitern,
schlugen fehl.
Warum lachst du nicht,
fragen die Menschen.
Worüber, antworte ich,
ich will mit der Hoffnung
nicht verhandeln.
Weil ich schlaflos bin,
gehe ich nachts spazieren.
Ich höre die Tiere atmen,
die Schatten flüstern mir zu.
Einmal fand ich ... doch
darüber will ich nicht reden.

Als ich das letzte Mal hier war,
mußte ich mich hochziehen,
um ins Fenster zu sehen.
Ich war zehn Jahre alt.
Meine Großeltern lebten noch,
sie hatten Hände aus Papier
und in den Augen einen Kummer,
der immerfort lächelte, wenn ich ins Zimmer trat.
Jetzt steht der Mond im Fenster
und kann sich nicht entscheiden,
ob er warm leuchten soll
oder kalt.

Im Hotel »Golden Star«
gehen die Lichter aus.
Die Schrift verlöscht
im Gedächtnis der Nacht.

Auch bei Sanssouci:

Quint Buchholz

BuchBilderBuch
Geschichten zu Bildern
1997, 120 Seiten mit 49 farbigen Abbildungen
Gebunden, Fadenheftung
ISBN 3-7254-1109-3

Bücher sind nicht nur zum Lesen da, Bücher sind überraschend vielseitig. Sie bieten Schutz vor Regen, ersetzen eine Leiter, dienen als Abstellfläche oder fliegender Untersatz. Sie können aber auch lebendig werden und den Menschen die Zunge herausstrecken, sie sogar fressen oder selbst zum Mordopfer werden.

Quint Buchholz' Bilder, die alle schon Geschichten über Bücher und das Schreiben von Büchern enthalten, beweisen es. Fast fünfzig international bekannte Autoren haben dazu ihre eigenen Geschichten aufgeschrieben und erzählen, was hinter den Bildern zu sehen ist. Bei Elke Heidenreich kann das Mädchen, das – auf einem Bücherstapel stehend – aus dem Fenster schaut, das tosende Meer und einen Wal, der darin lebt, sehen. Antonio Tabucchis Protagonist fühlt sich nicht wohl in seinem Roman, nimmt kurzerhand die Buchstaben seines Namens aus dem Text und macht sich davon. George Tabori vergleicht das Lesen eines Buches mit dem Sezieren einer Leiche, für Peter Høeg dagegen sind Bücher über jegliches physikalisches Gesetz erhaben – bei T. C. Boyle schließlich verschlingt das Buch seinen Leser mit Haut und Haar.

»Leise Momentaufnahmen einer sehnsuchtsvollen Spezies Mensch, die man am ehesten daran erkennt, daß sie einem den Rücken zukehren – lesend oder schreibend, versunken in ihre Welt.« *Der Spiegel*

Quint Buchholz/Martin und Johanna Walser

Am Wasser
2000, 112 Seiten mit 52 farbigen Abbildungen
Gebunden, Fadenheftung
ISBN 3-7254-1170-0

Quint Buchholz' Bilder vom Wasser entführen den Leser in eine stille und manchmal skurrile Welt voller Sehnsucht: Eine Frau wartet, dem Betrachter den Rücken kehrend, einsam auf einem Steg; ein Junge steht in einem Ruderboot auf zugefrorener See, seinen Teddybären schützend an sich gedrückt; ein Pinguin sitzt stumm bei einem Glas Wein auf einer Terrasse am Meer, ein Hut fliegt vorüber; ein Fahrrad lehnt, von seinem Eigentümer verlassen, am Geländer eines Steges – die Verbindung zum Ufer fehlt; eine Leiter ist auf einer einsamen Insel an ein Bild gelehnt und wächst mit ihm zusammen.
Martin und Johanna Walser haben ihre Gedanken zu diesen Bildern aufgeschrieben: Aphorismen und Miniaturgeschichten über die Endlichkeit, über Täuschung und Enttäuschung, Alleinsein und Abschiednehmen und darüber, wie man sein Glück festhält oder ihm entgegengehen kann.

»Ein Buch, in dem man lange und immer wieder blättern mag. Die Texte sind wie die Bilder: nachdenklich, leise.«
Irmtraud Gutschke, *Neues Deutschland*

»Bilder, die den Blick ins Weite öffnen ...«
Max Hermann, *Die Welt*

Quint Buchholz/Michael Krüger

Wer das Mondlicht fängt
Bilder und Gedichte
2001, 128 Seiten mit 65 farbigen Abbildungen
Gebunden, Fadenheftung
ISBN 3-7254-1213-8

»Unser Wollen ist größer als unser Können, heißt es,/ das wußte keiner besser als der Mond.« Still wacht der weise Mond über uns Menschen. Er sieht uns und hört uns zu, weiß alles über uns. Vielleicht zieht es deshalb die Menschen manchmal hoch hinauf, bis sie dem Mond so nahe sind, daß sie ihn berühren können.

Quint Buchholz' Bilder zeigen Menschen, die auf Dächer steigen für ein Stelldichein mit ihm, auf einem Seil dem Mond entgegengehen, in einem Heißluftballon zu ihm fliegen oder ihm von der häuslichen Fensterbank aus zusehen. Michael Krügers Gedichte, die zu diesen schwerelosen Bildern entstanden sind, schildern behutsam und manchmal fast schelmisch Gedanken und Sehnsüchte der Menschen im Licht des Monds. Und auch die Tiere, Waldohreule und Feldmaus, Schnecke und Pinguin, könnten ohne den Mond nicht weiterträumen: Träume vom Erwachsenwerden, von großen Taten und Einfällen und von kleinen Glücksmomenten voller Wehmut.

Die Geheimnisse von Mensch und Natur scheinen hier wundersam miteinander verbunden – und keiner weiß das besser als der Mond.